„Kunst wäscht den Staub des Alltags von der Seele."

Pablo Picasso
aus https://www.gutzitiert.de/ bgerufen am 08.11.2019

Ein paar Gedanken

Warum die Bücherreihe „abstract Line Art coloring"?

In den Büchern dieser Reihe findest du abstrakte und fantasievolle Zeichnungen. Sie sind spontan entstanden und wurden von mir nicht nachkorrigiert.

Das macht sie so besonders: eingefangene flüchtige Momente, die mir viel Freude, Selbstvergessenheit und Erfüllung geschenkt haben. Diese Momente möchte ich mit dir teilen. Du kannst die Vorlagen nachzeichnen, ausmalen und erweitern.

Ich möchte dir den Einstieg in das künstlerische Tun erleichtern, indem ich dir etwas von der sprichwörtlichen „Angst vor dem leeren Blatt" und dem „Druck", selbst etwas kreieren zu müssen, nehme.

Die Wirkung von Kunst

„Als Kind ist jeder ein Künstler. Die Schwierigkeit liegt darin,
als Erwachsener einer zu bleiben."
Pablo Picasso (http://zitate.net/ abgerufen am 08.11.2019)

Für viele Erwachsene liegt die künstlerische Betätigung weit zurück.

Das finde ich schade. Extrem schade!

Denn Kunst hat so viele positive Nebenwirkungen. Beim künstlerischen Schaffen kann man entspannen, Stress abbauen, tiefe Freude und Zufriedenheit erreichen, in Flow kommen, Spaß haben, seine Aufmerksamkeit und Konzentration steigern, die eigene Kreativität trainieren und fördern, sich inspirieren und motivieren. Man kann sich selbst näherkommen, seine Gefühle entdecken, verarbeiten und loslassen. Man kann auch sein Selbstwertgefühl stärken.

Kunst macht sichtbar: Das, was nicht in Worte gefasst werden kann,
kann künstlerisch ausgedrückt werden.

Kunst kann heilen.

Training für Hand und Gehirn zugleich

Unsere Hand ist ein hoch komplexes Werkzeug, das mit großen Bereichen im Gehirn verbunden ist. Durch das Zeichnen und das Malen kannst du Hand und Gehirn fein trainieren – ganz nebenbei.

Warum abstrakte Formen?

„Nicht die Abbildung der Wirklichkeit ist das Ziel der Kunst, sondern die Erschaffung einer eigenen Welt."
Fernando Botero (http://zitate.net/ abgerufen am 08.11.2019)

Die Zeichnungen sind abstrakt und erzählen keine konkreten Geschichten. Das regt die Fantasie an, erlaubt dir weitgehend frei zu assoziieren. Du kannst in ihnen genau das entdecken, das du sehen willst und was für dich gerade von Bedeutung ist.

Vorhandenes ergänzen und verändern

Da die Zeichnungen abstrakt sind, kannst du sie leicht verändern oder ergänzen. Du kannst zum Beispiel so vorgehen:
- Alle Linien oder nur Teile farbig nachzeichnen
- neue Linien zeichnen und die Zeichnung ergänzen
- die Flächen (komplett oder nur teilweise) ausmalen
- Flächen zusammenfügen, indem du sie in der gleichen Farbe ausmalst
- …und was Dir noch so alles einfällt.
  Es ist DEIN Buch!

Etwas Vorhandenes (z.B. ein Haus, ein Kleidungsstück o.ä.) umzugestalten, zu verschönern, zu ergänzen hat mir immer besonderen Spaß gemacht, und nicht nur in meiner früheren Tätigkeit als Architektin. Die Mischung aus dem „Zwang" des Vorhandenen – in diesen Büchern: die vorgezeichneten Formen und Linien – und die Herausforderung etwas Neues, etwas Besseres daraus zu machen ist ein besonderes gestalterisches „Spiel". Etwas Vorgezeichnetes vorzufinden gibt Struktur und Rahmen, kann eine Stütze sein und schafft gleichzeitig Grenzen. Das Vorhandene zu verändern kann aber auch herausfordernd sein, weil es Mut erfordert: zu überzeichnen, zu übermalen, Grenzen zu überschreiten.

Wie im echten Leben: es geht darum die vorhandenen Lebensumstände so umzugestalten, zu verändern und zu ergänzen, bis sie für dich persönlich gut und erfüllend sind.

Sich selbst näherkommen

„Zeichnen ist eine Form des Nachdenkens auf dem Papier."
Saul Steinberg (http://zitate.net/, abgerufen am 08.11.2019)

Du kannst dich während der Ausgestaltung beobachten. Achte darauf, welche Gedanken, Gefühle und Empfindungen auftauchen. Beobachte und lasse sie gehen. Nutze diesen Prozess, um dir näher zu kommen und um dich besser kennen zu lernen.

Denn: „Kunst gibt nicht das Sichtbare wieder, sondern Kunst macht sichtbar."
Paul Klee (http://zitate.net/, abgerufen am 08.11.2019)

Detaildichte der Zeichnungen

Die Bücher haben eine unterschiedliche Detaildichte: 1, 2, und 3.
Für die Zeichnungen der Stufe 3 empfehle ich dir feine Stifte zu verwenden.

Die Bücher sind geeignet für:
- Einsteiger und Fortgeschrittene
- Kinder ab 6 J. und Erwachsene
- Links- und Rechtshänder

Die Detaildichte bestimmt nicht den Schwierigkeitsgrad. Eine sehr kleine Fläche auszumalen oder eine feine Linie nachzuzeichnen kann leichter sein als eine lange schwungvolle Linie nachzuziehen oder eine große Fläche schön zu färben.

Bei Detaildichte 1 hast du mehr „Raum", um die Zeichnngen zu ergänzen, falls du Lust hast. Bei Detaildichte 2 und 3, kannst du Linien und Flächen auslassen, um so deine ganz eigene Kreation zu gestalten.

Ich wünsche dir viele schöne und inspirierende, beglückende und zugleich entspannende künstlerische Momente!

Deine Diane

www.diana-luechem.de
www.lineart-coloring.eu

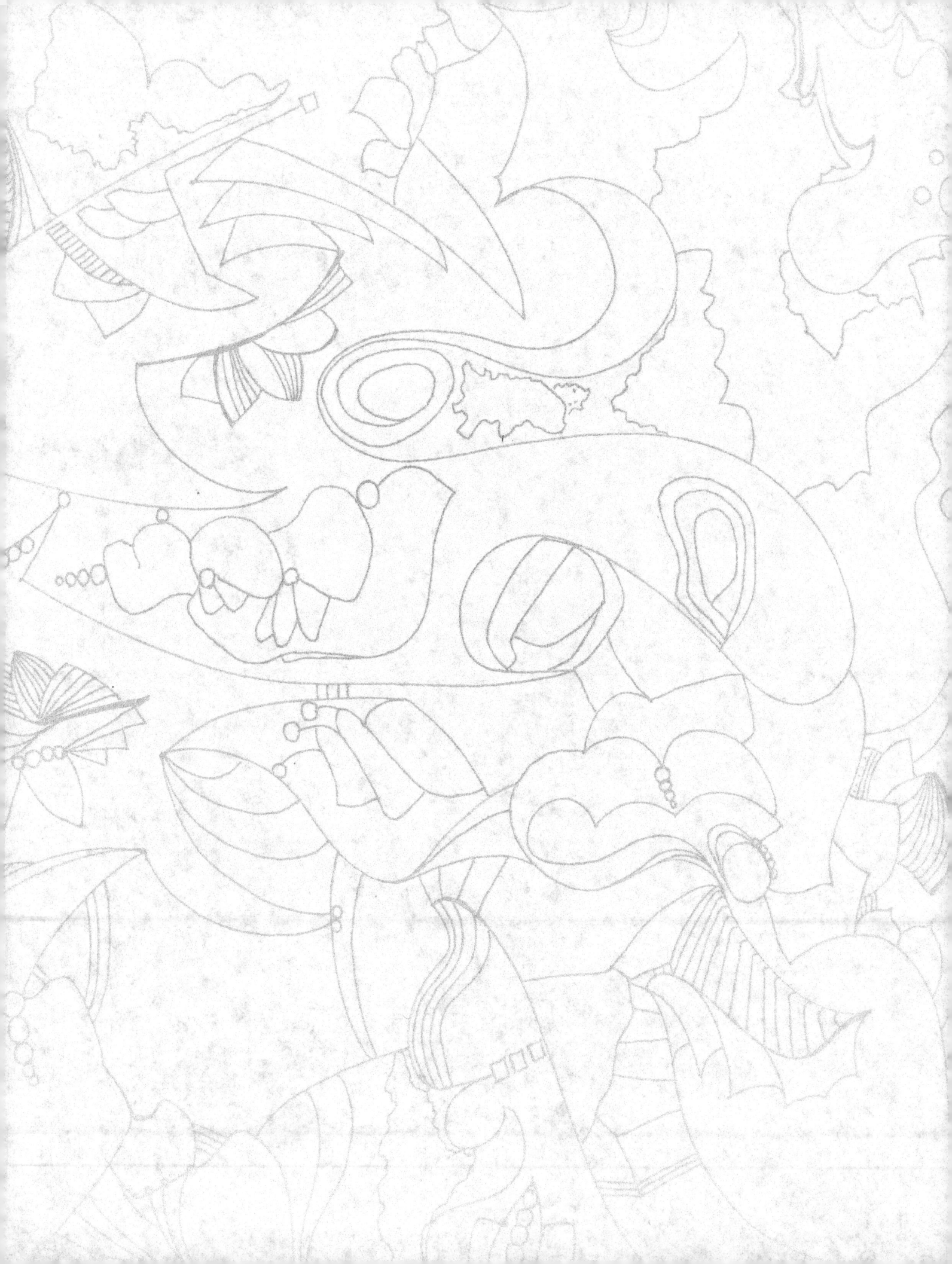

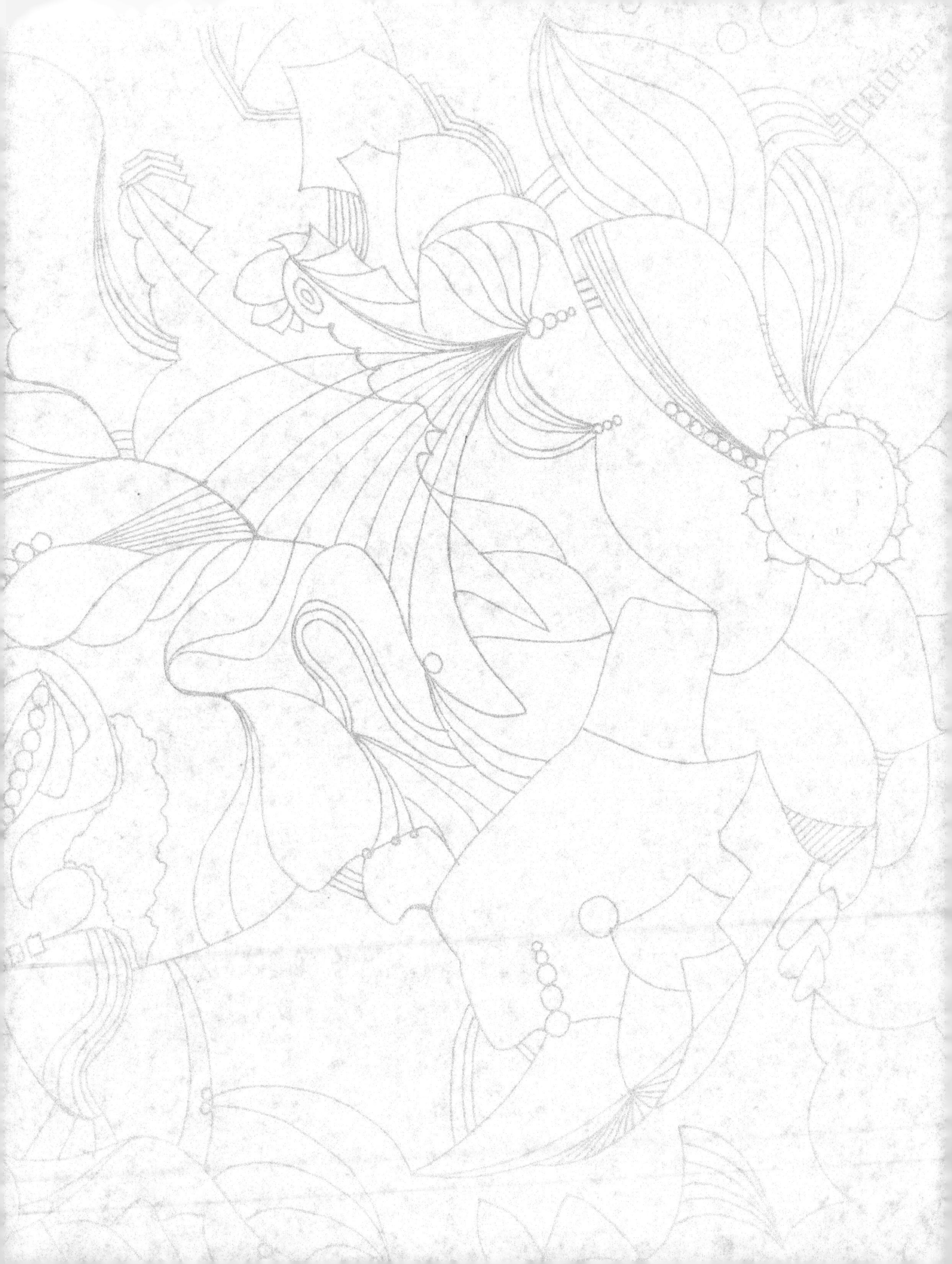

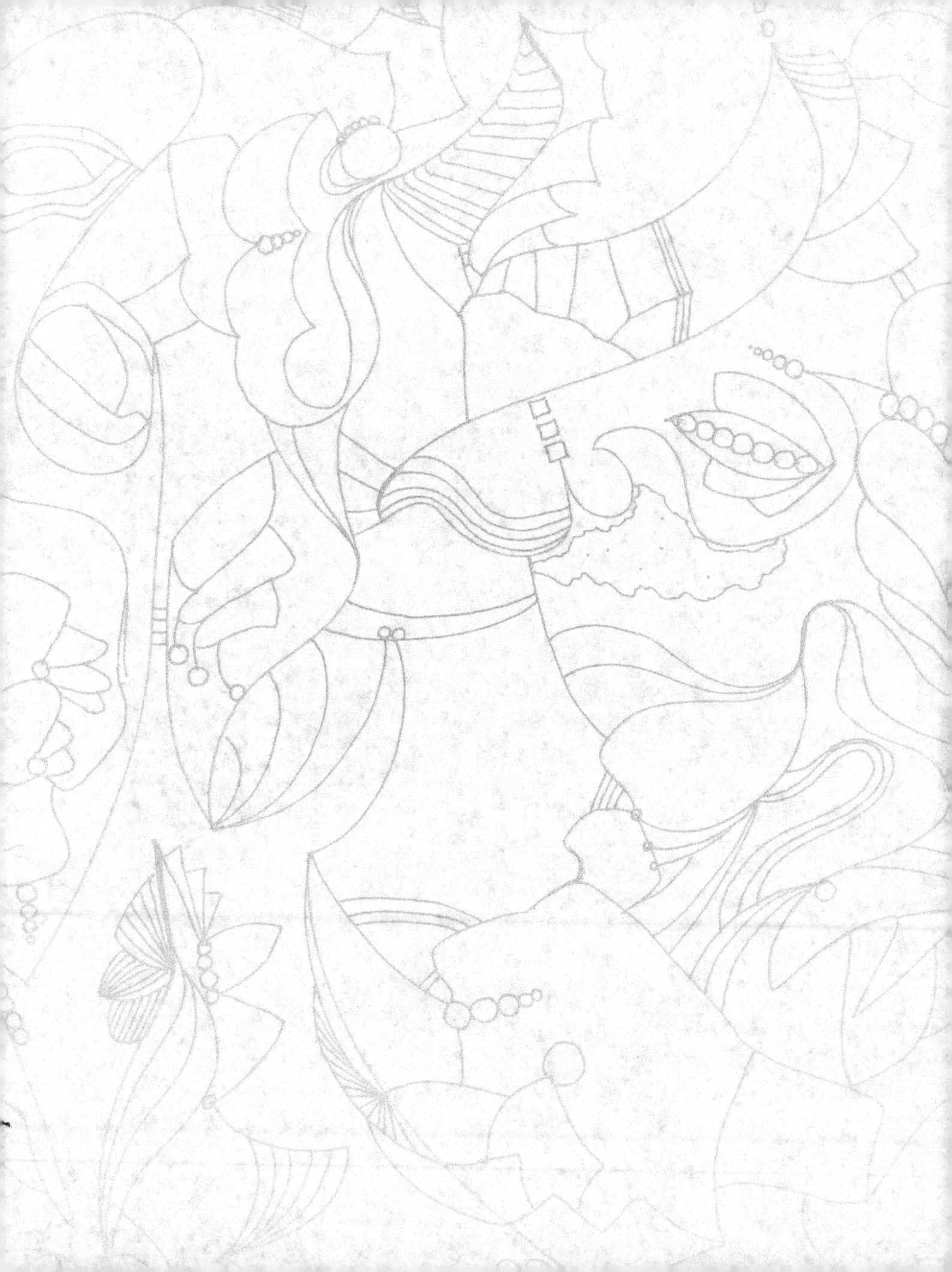

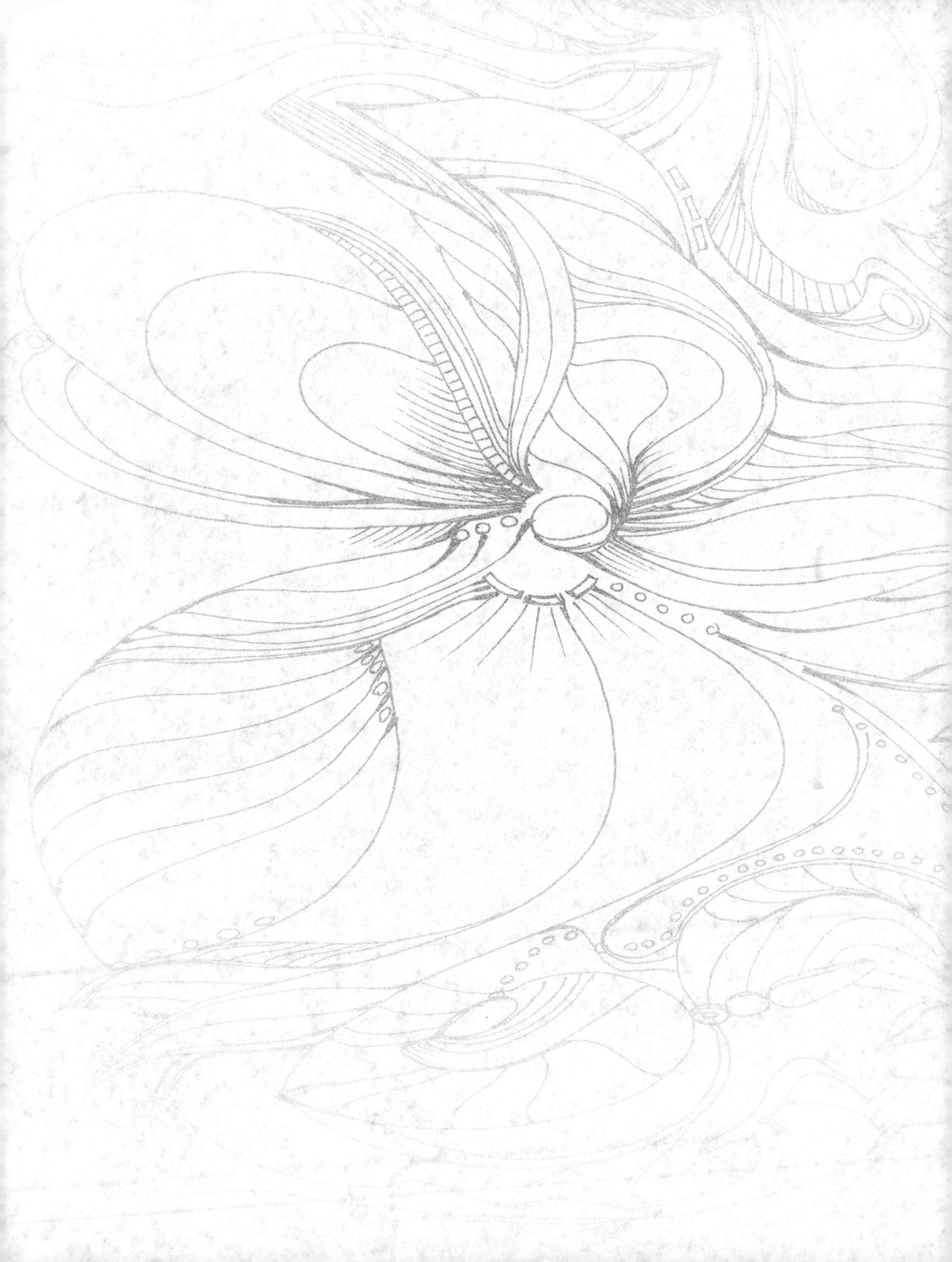

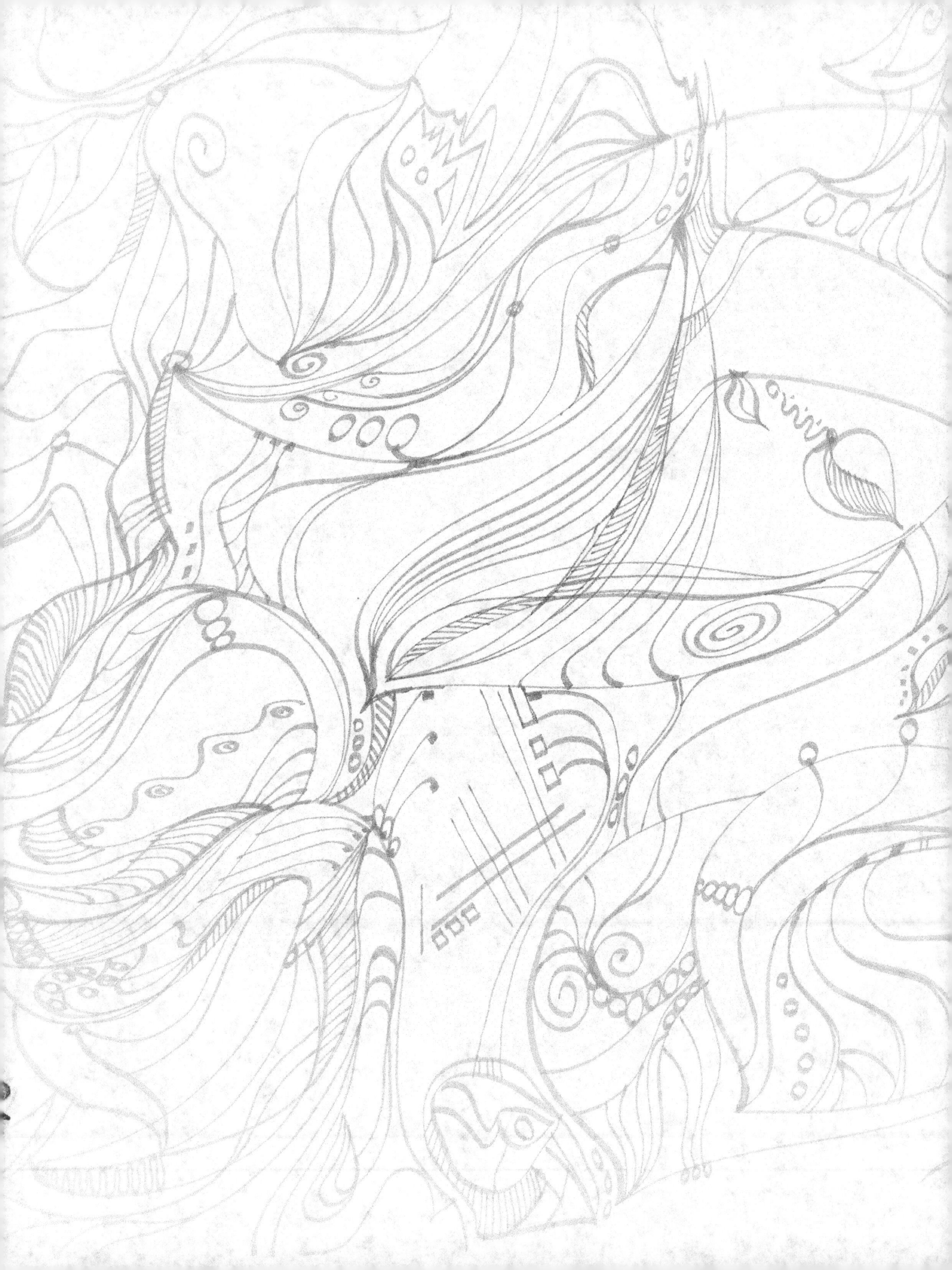

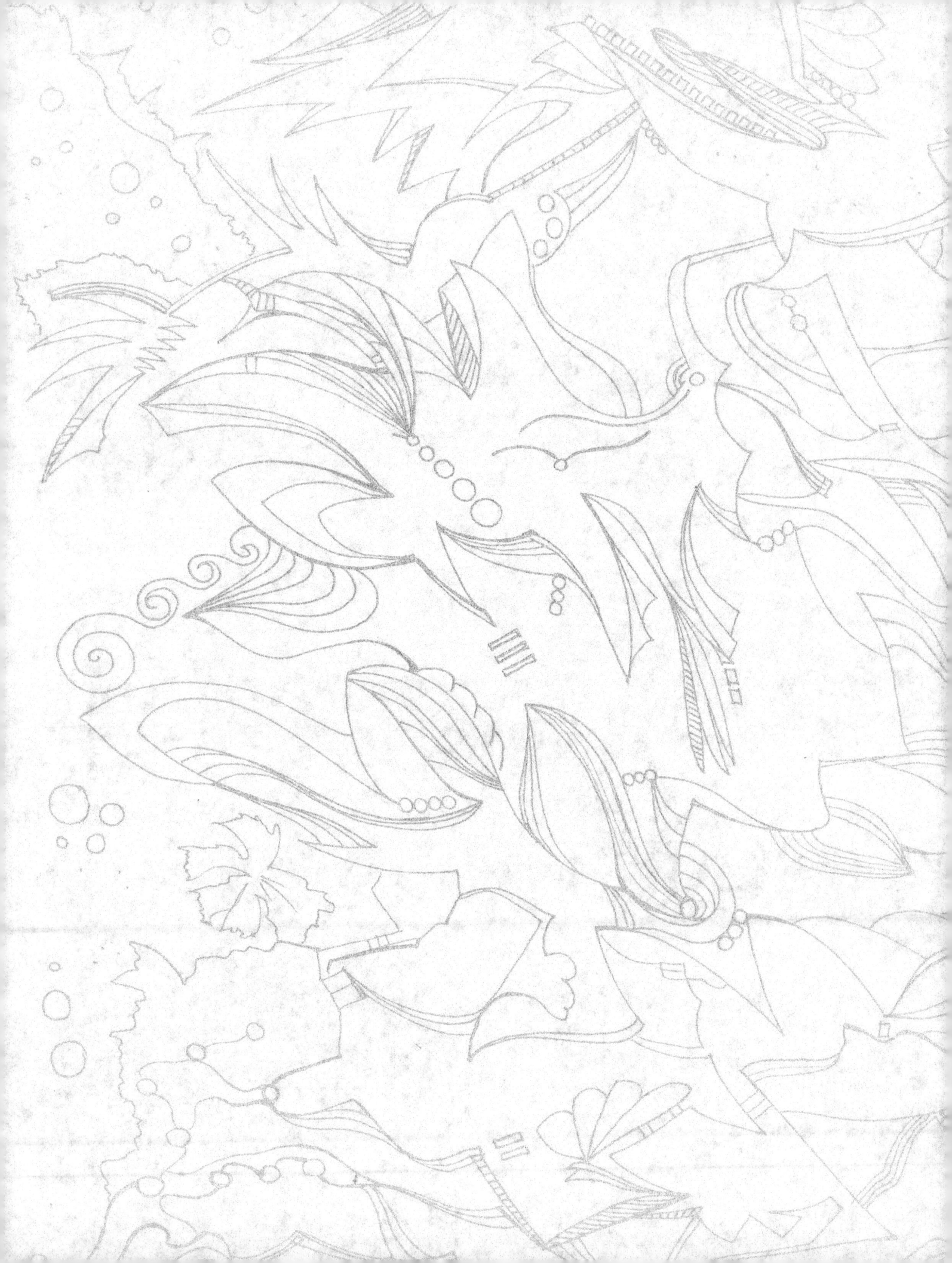

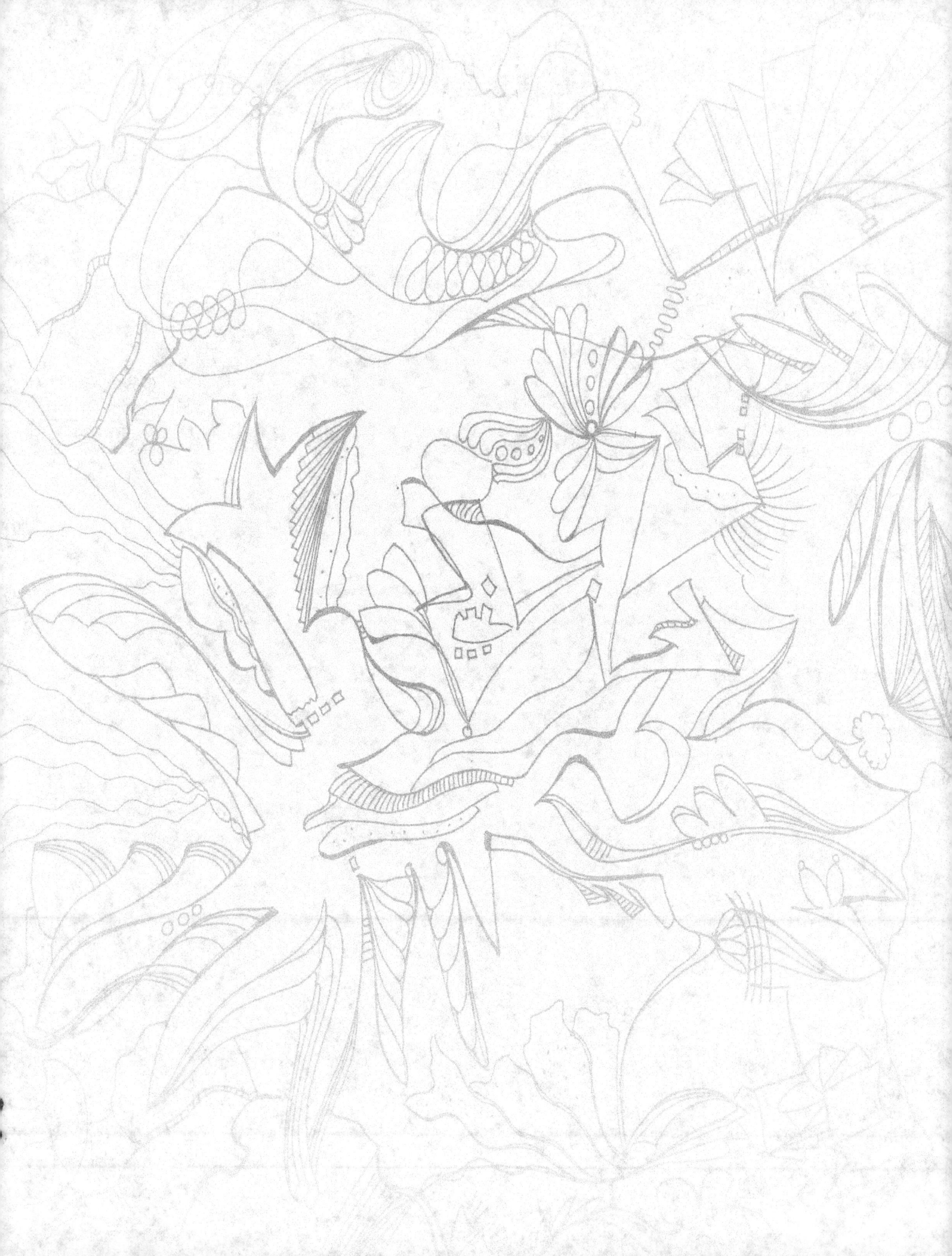

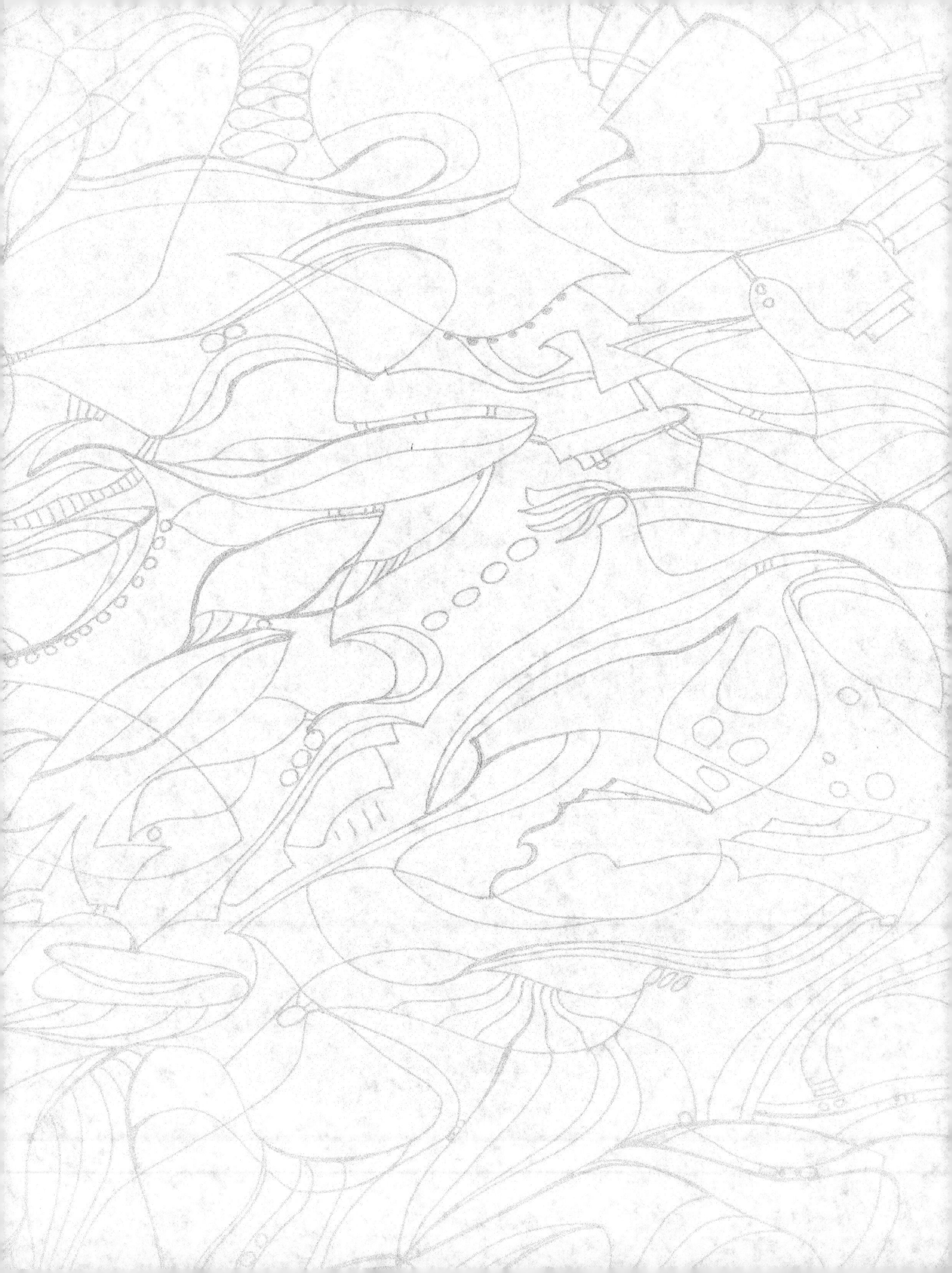

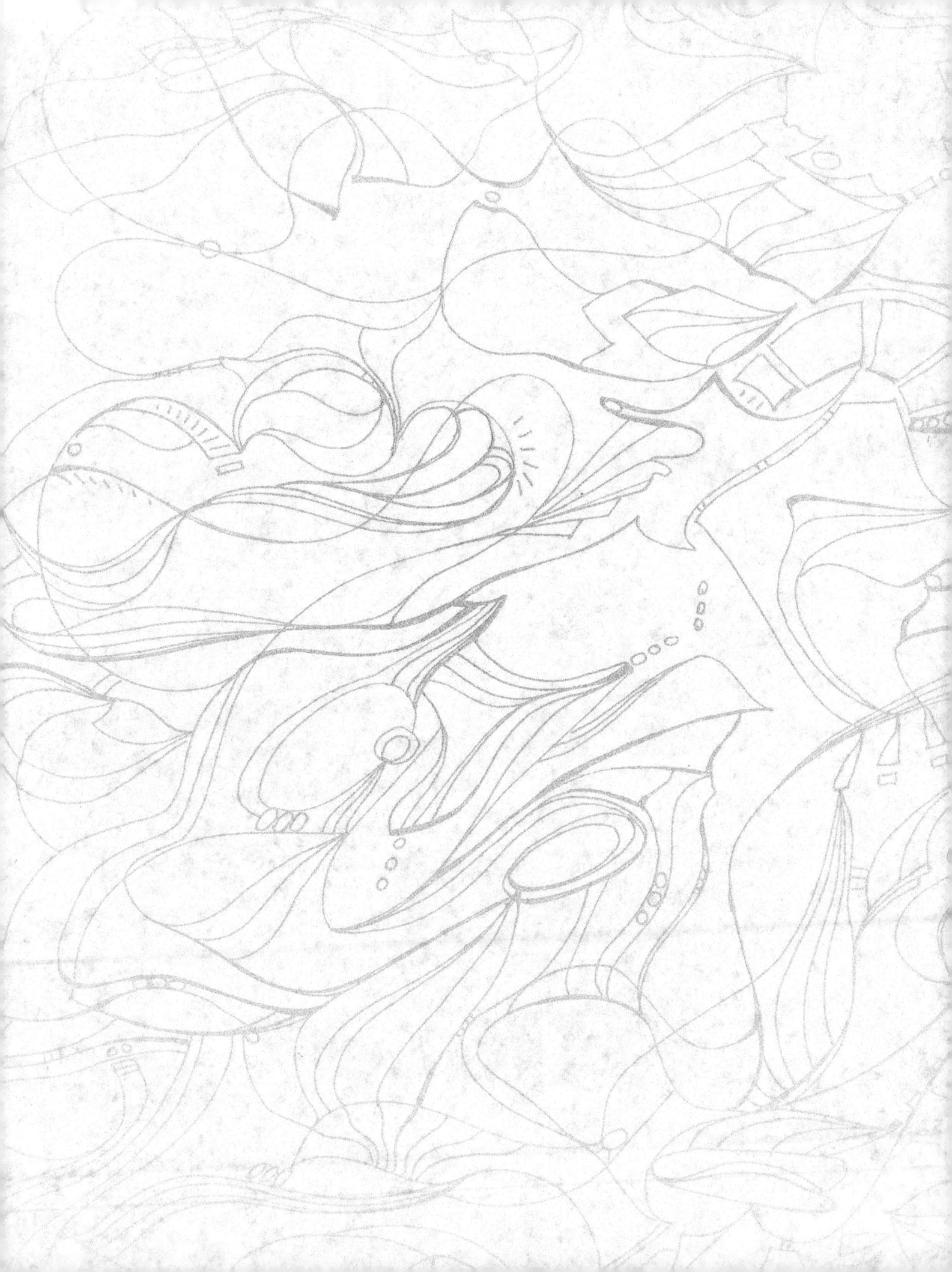

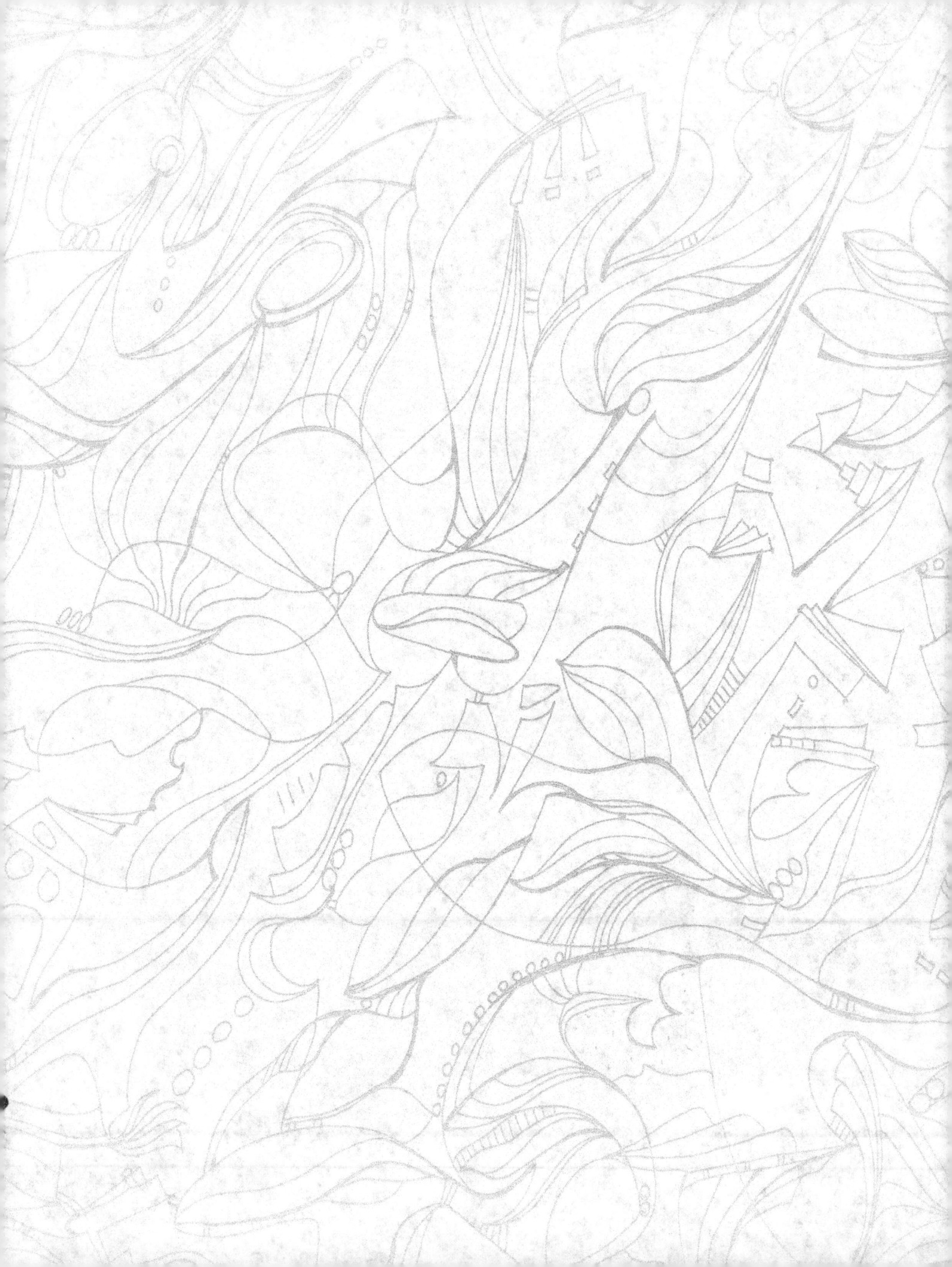

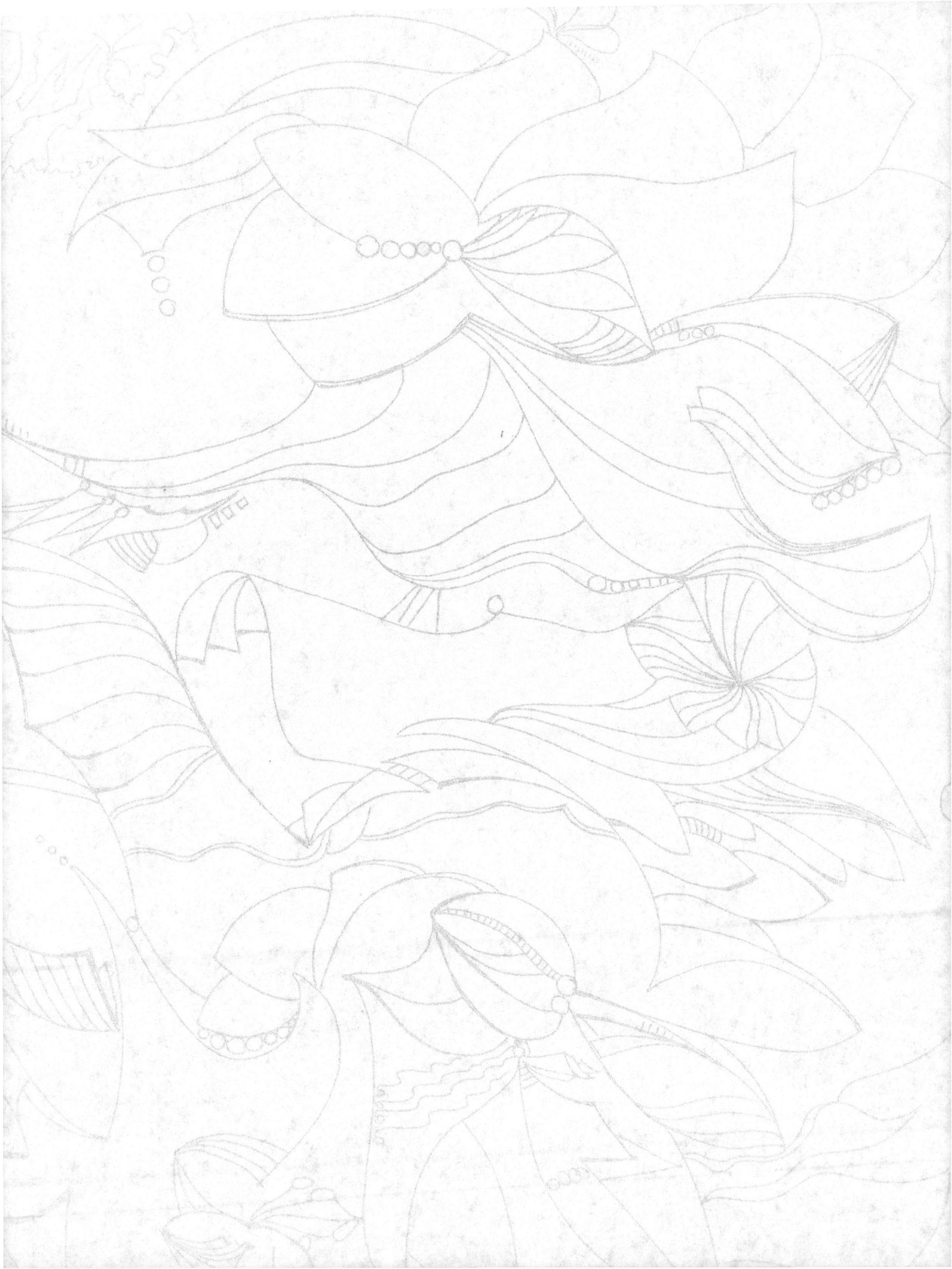

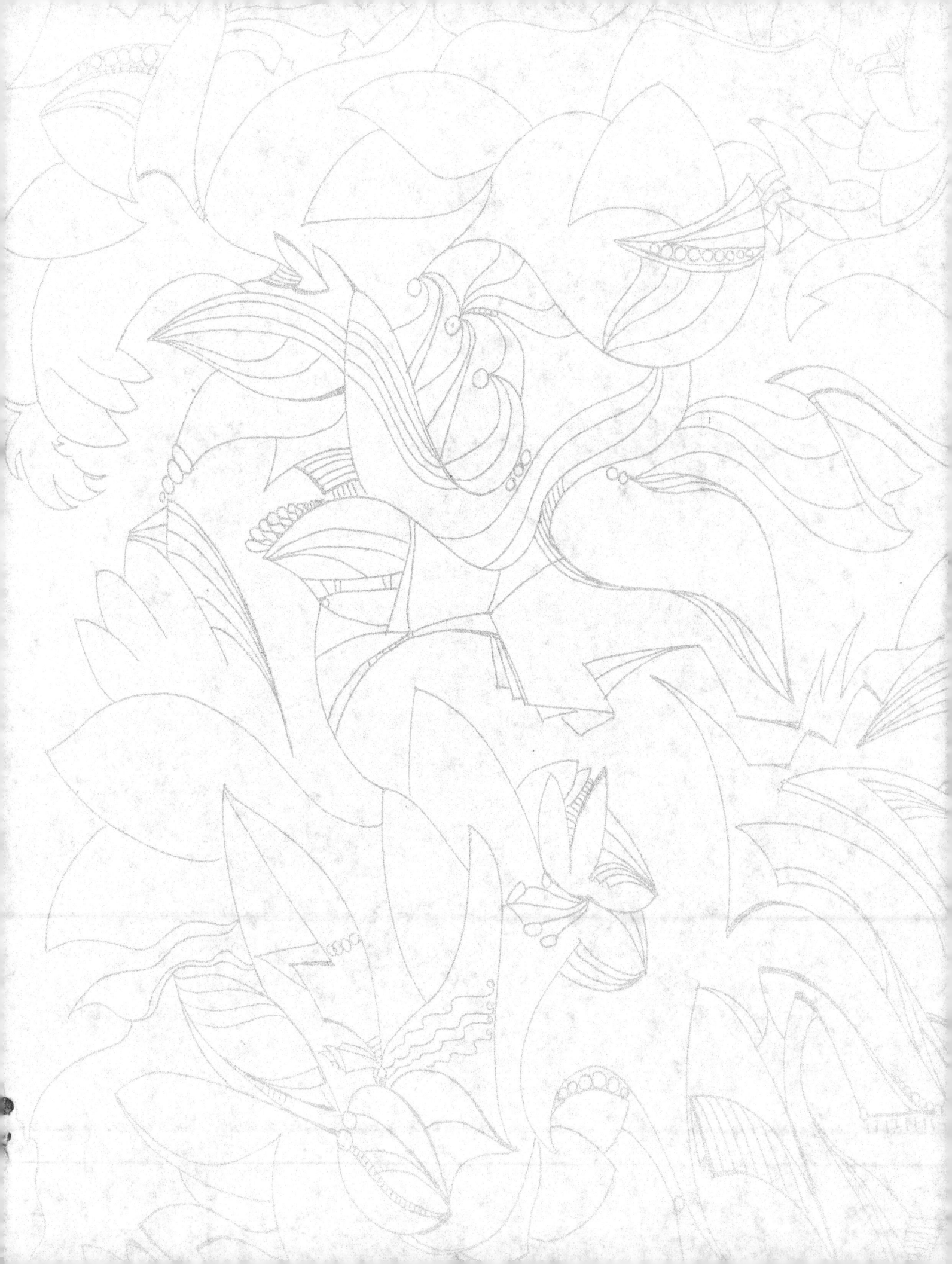

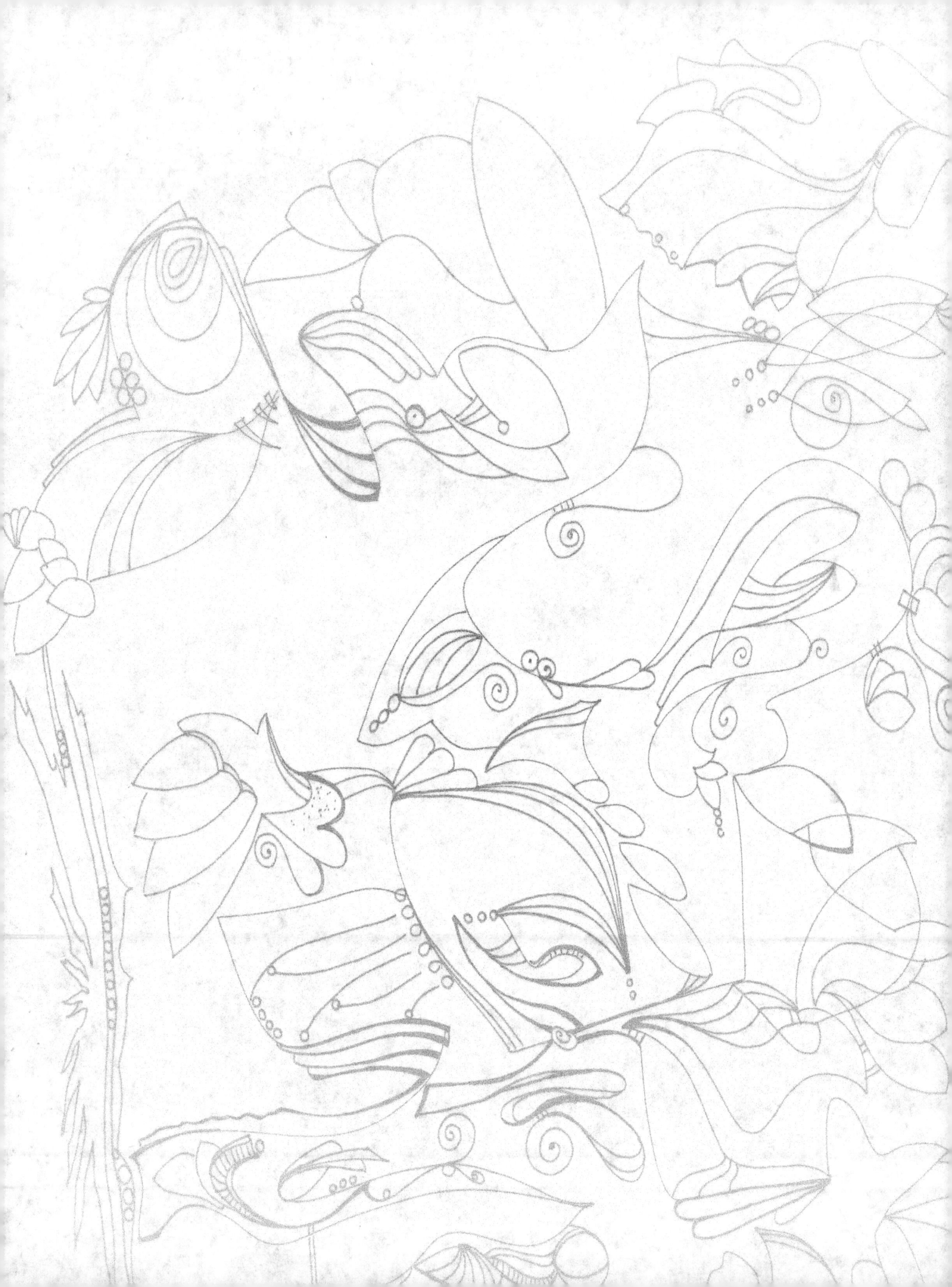

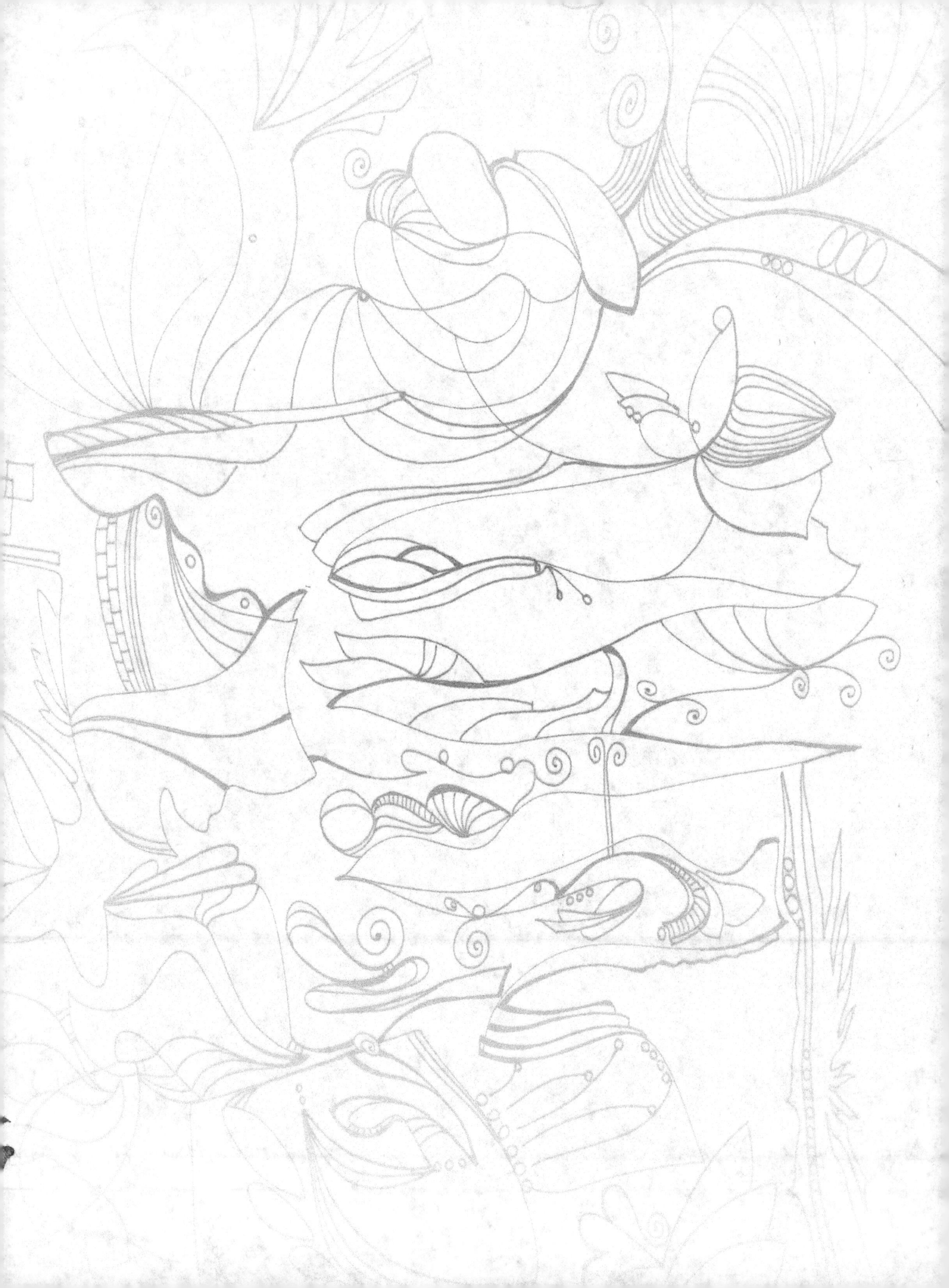

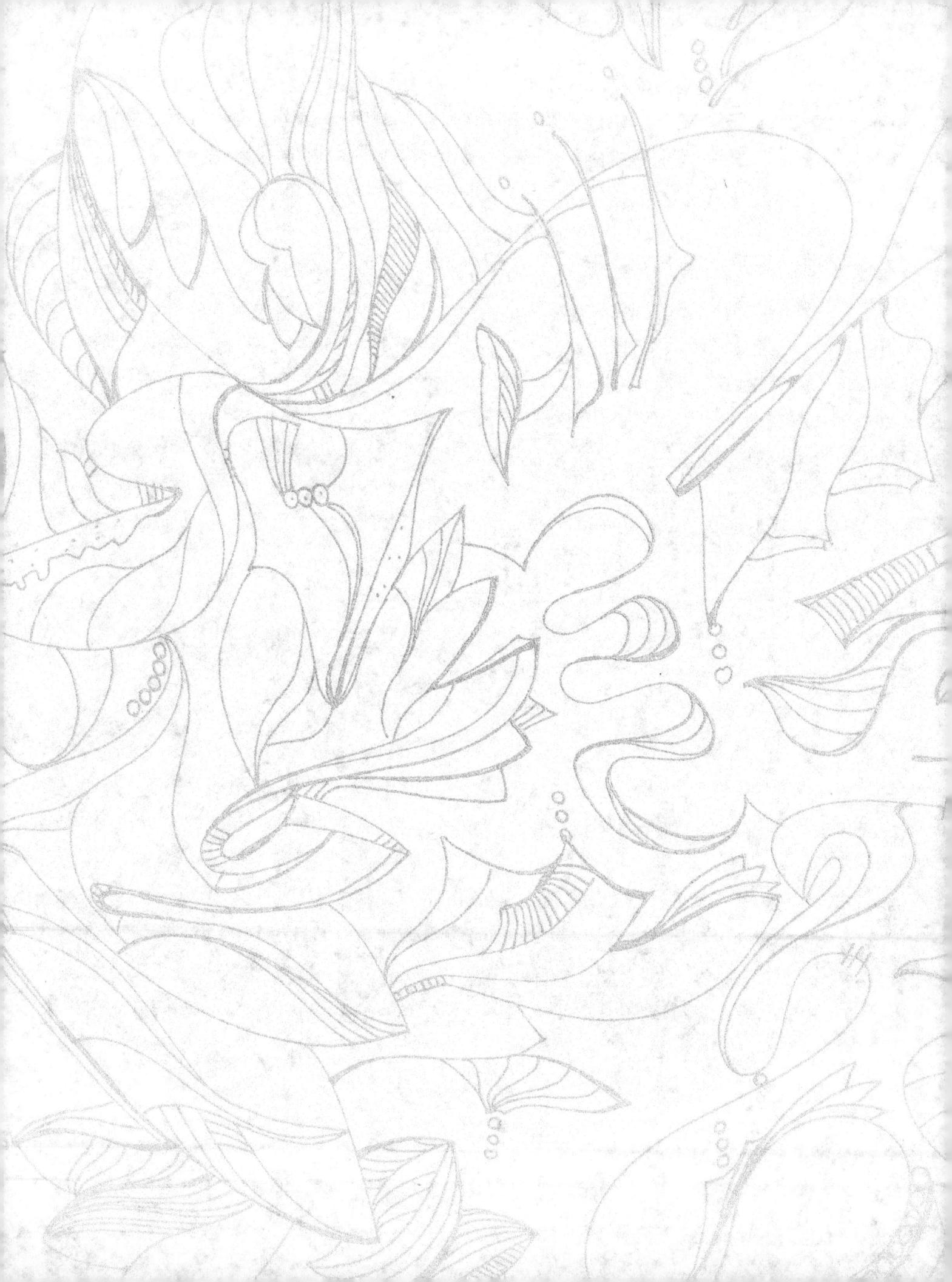

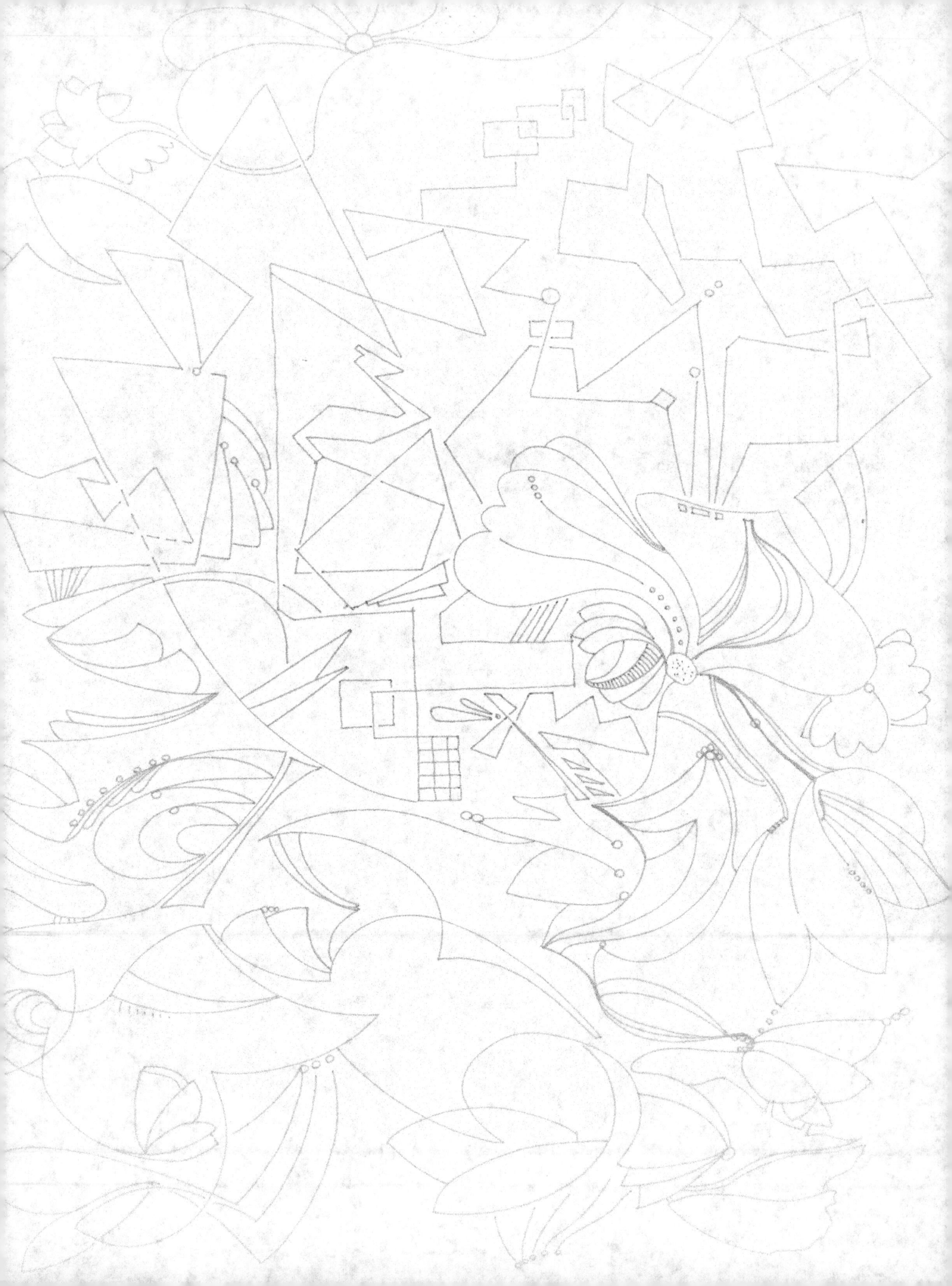

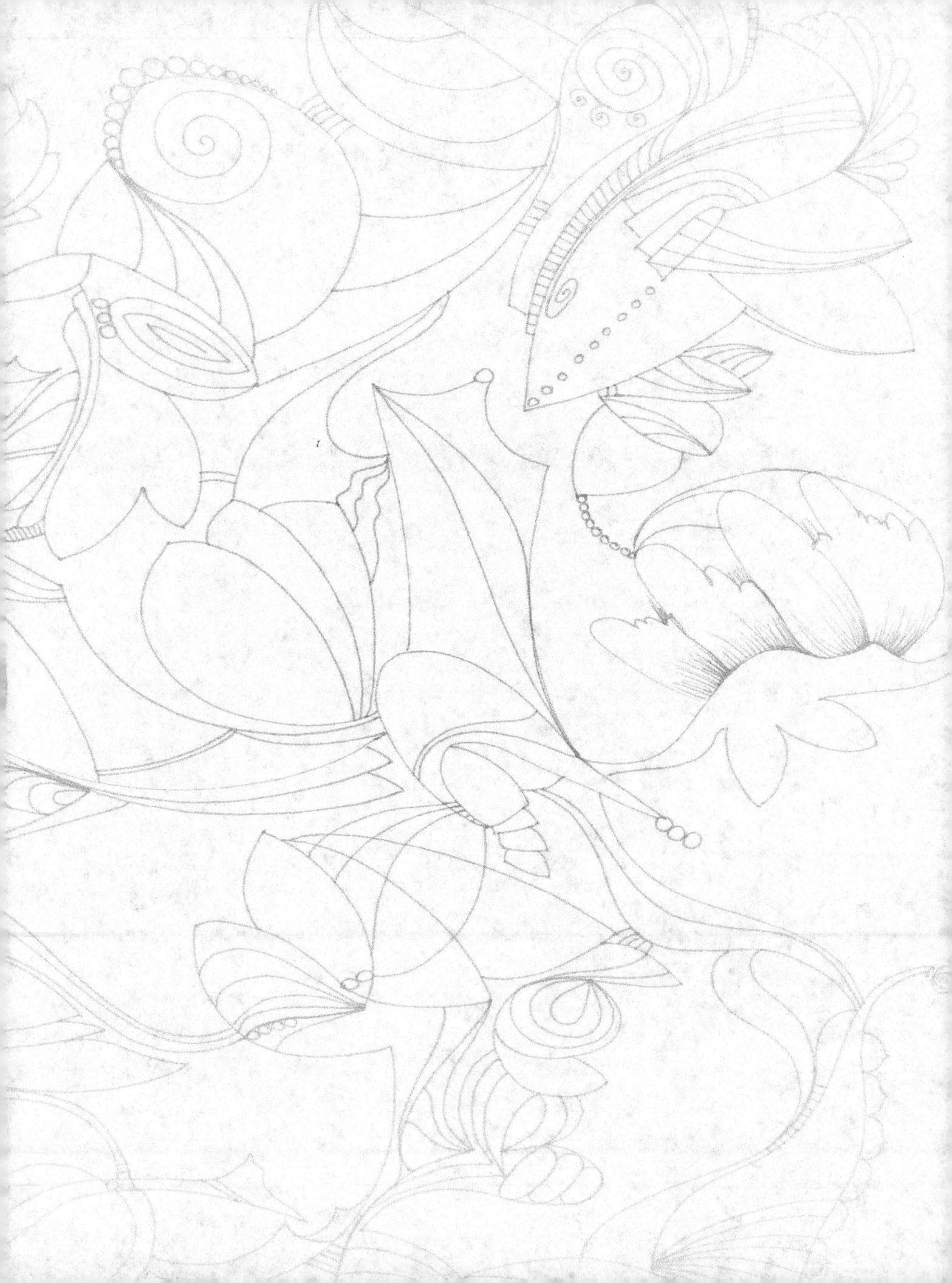

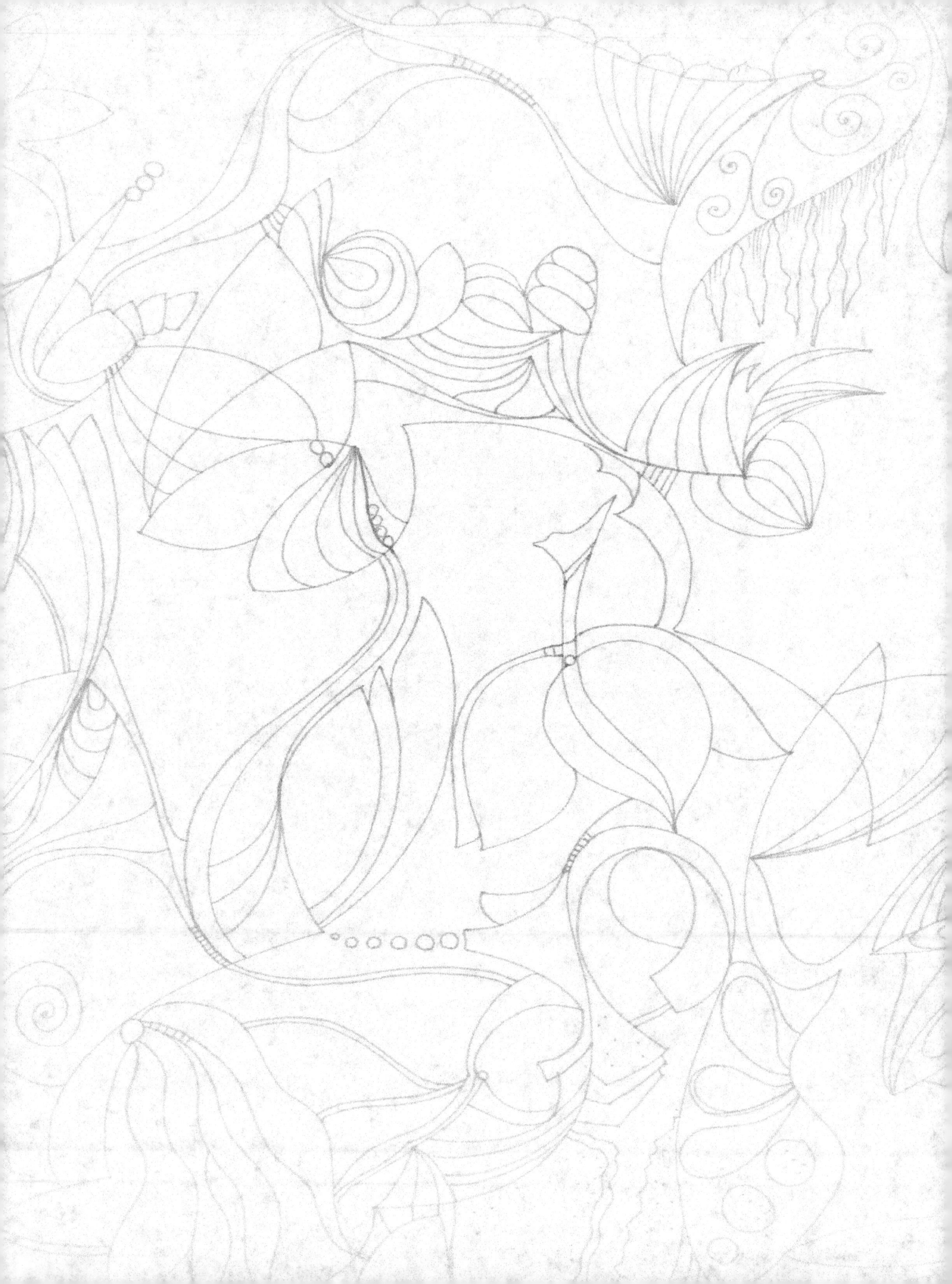

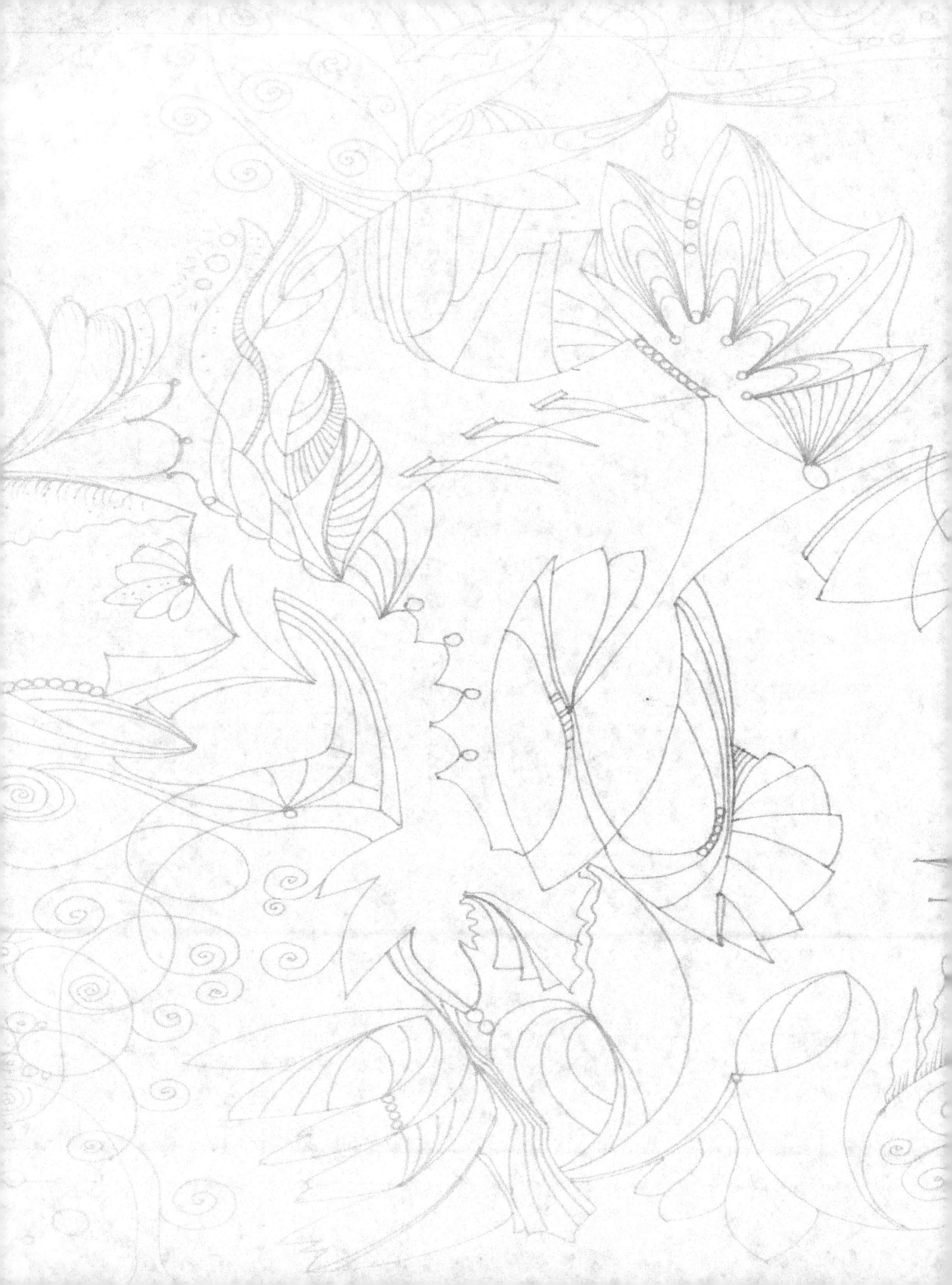

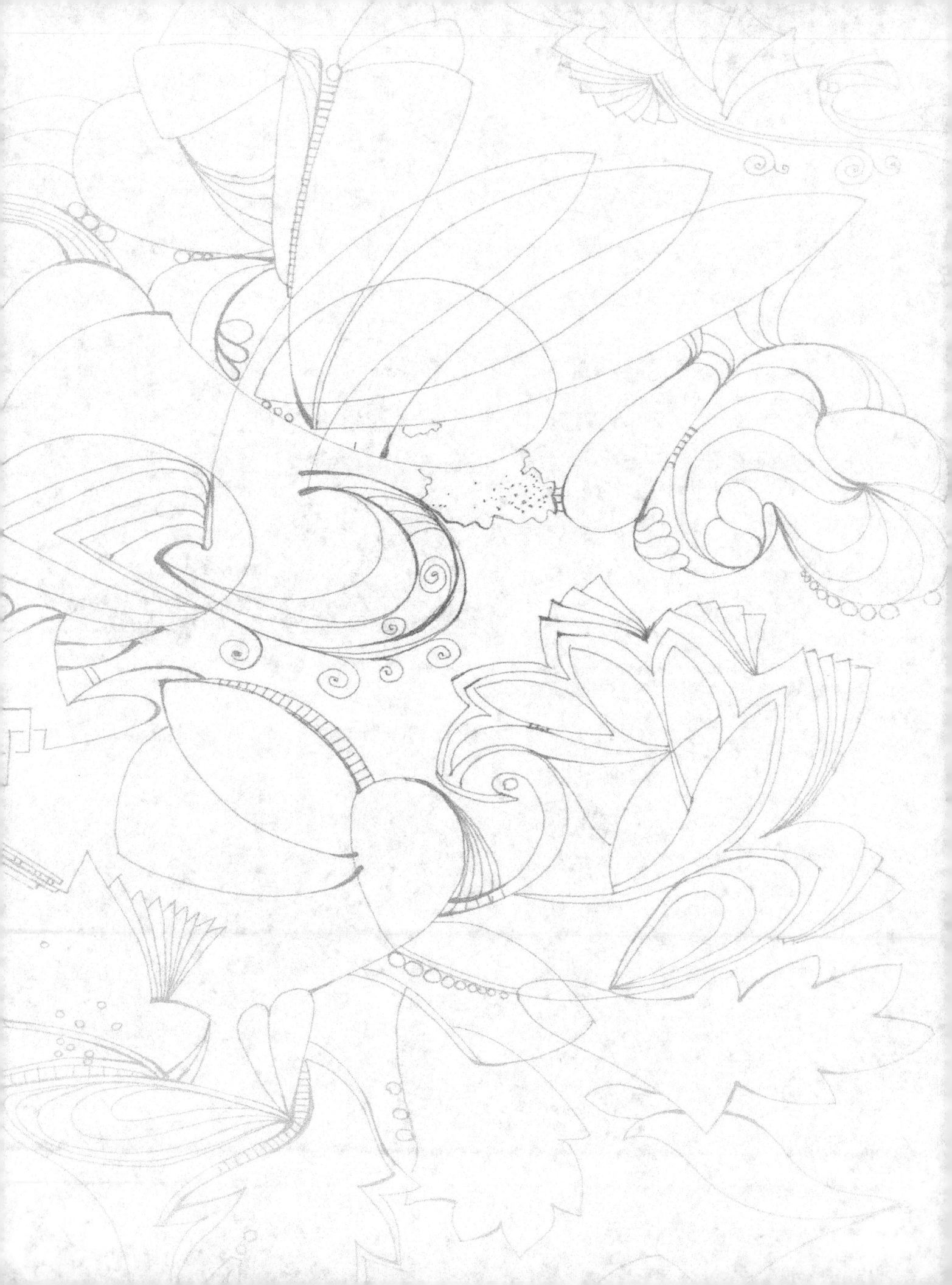

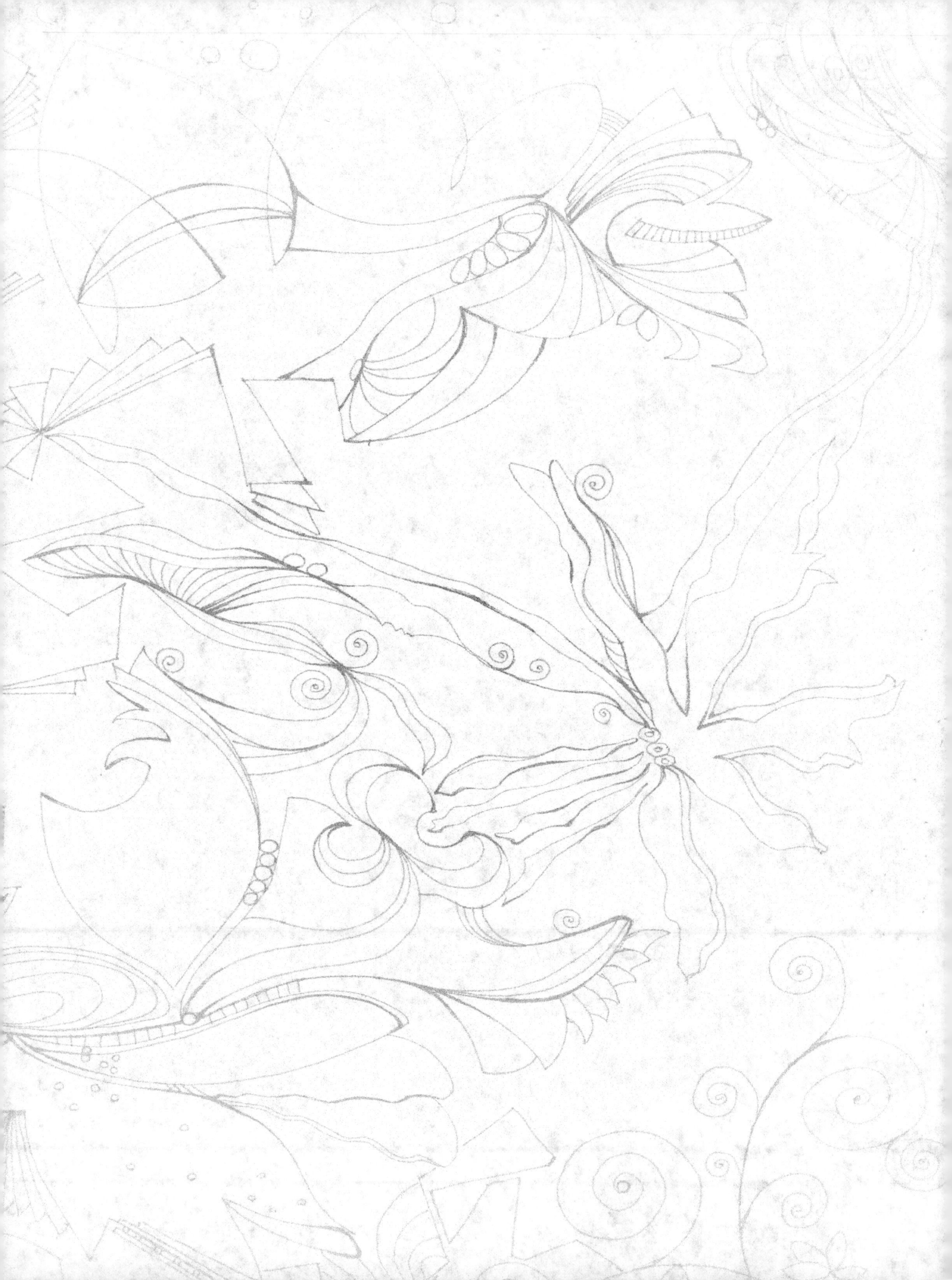

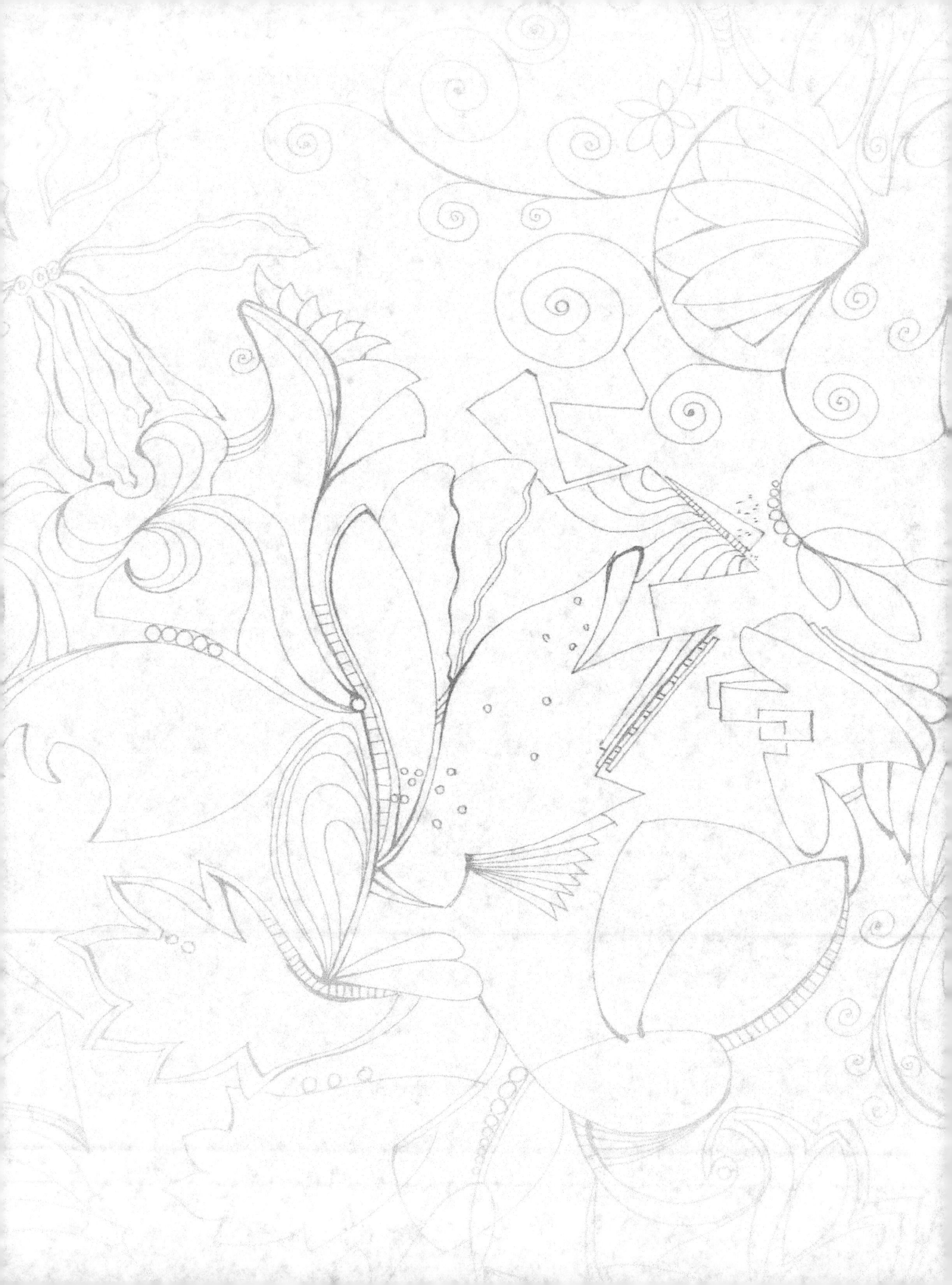

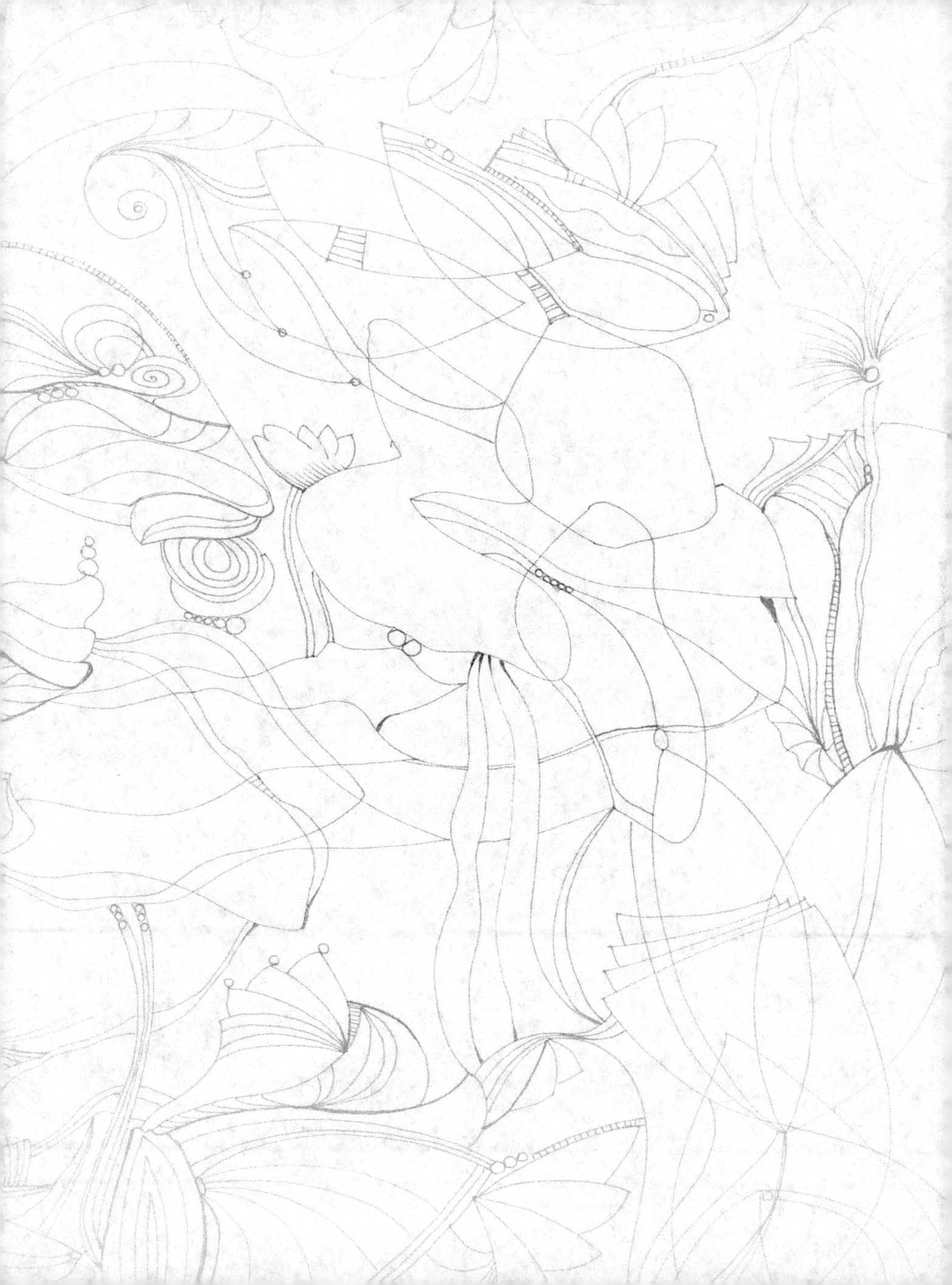

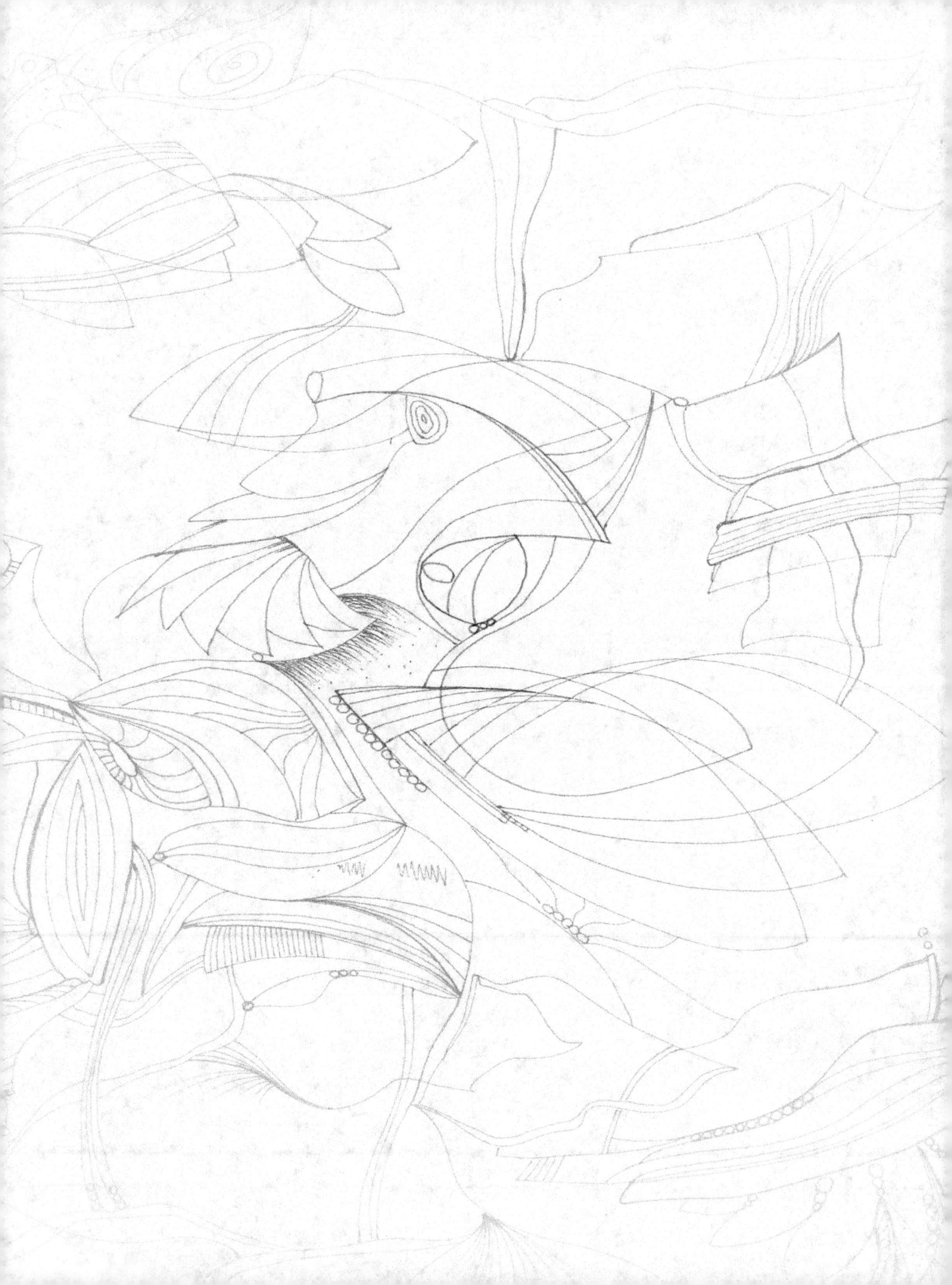

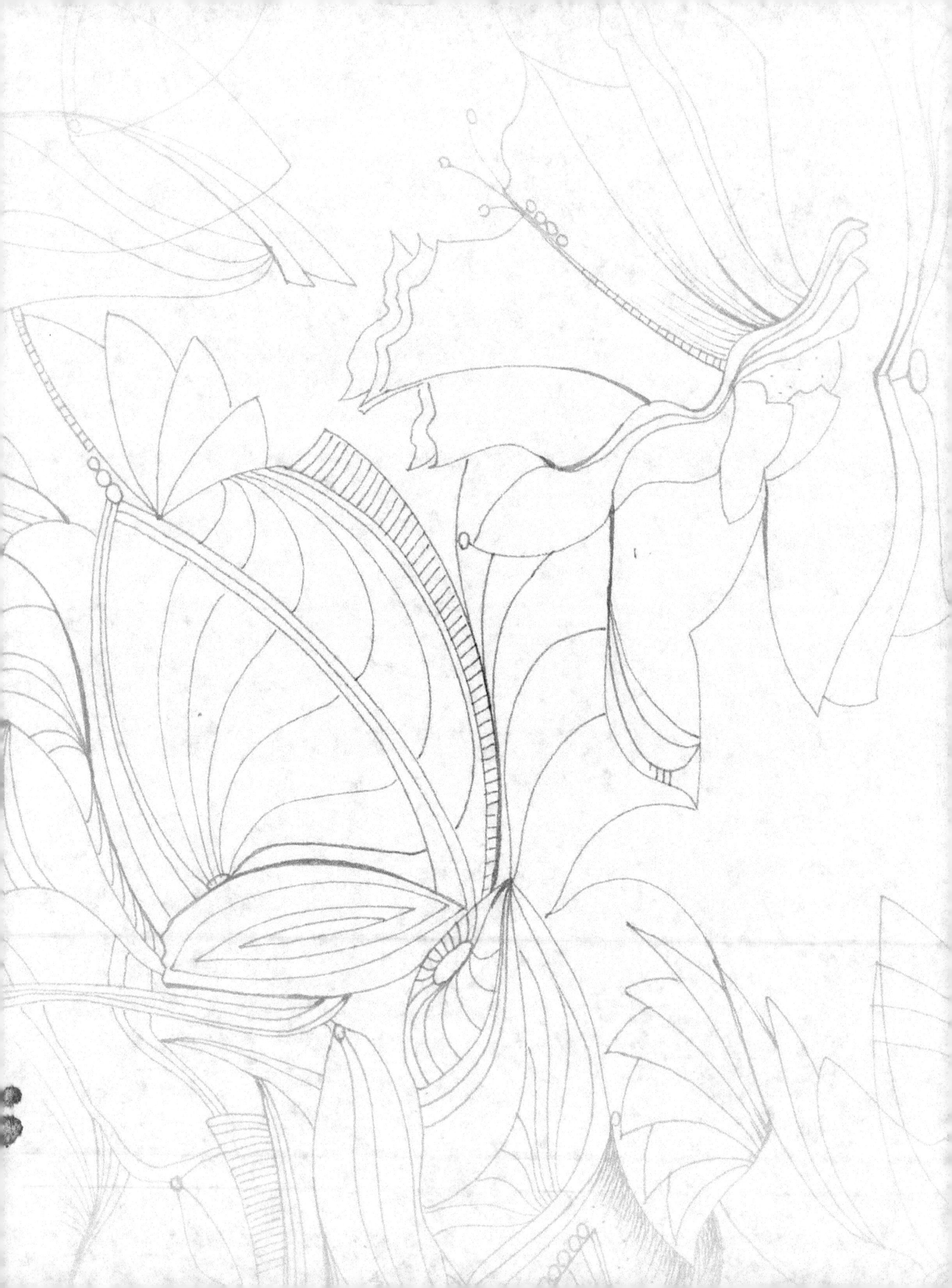

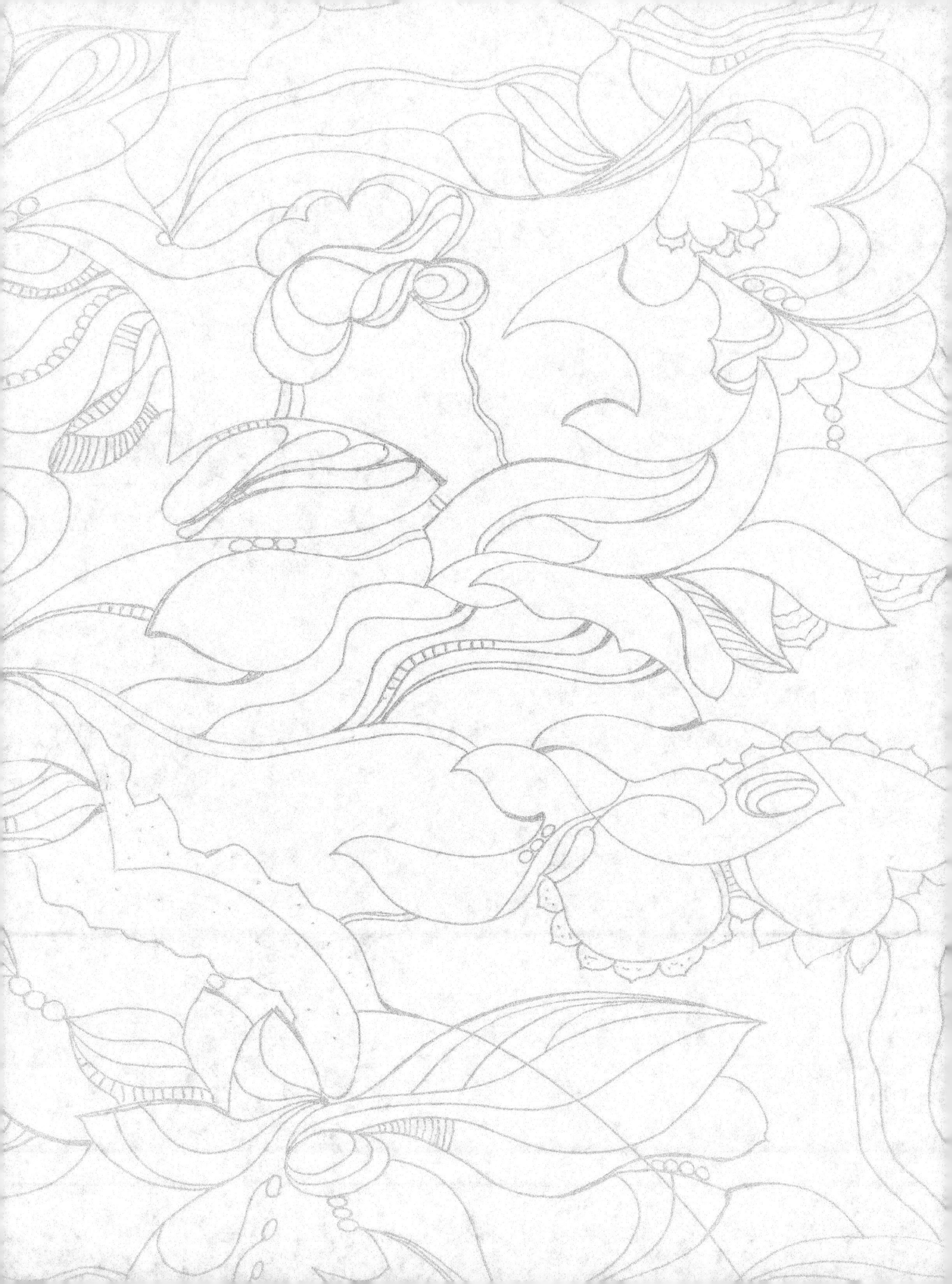

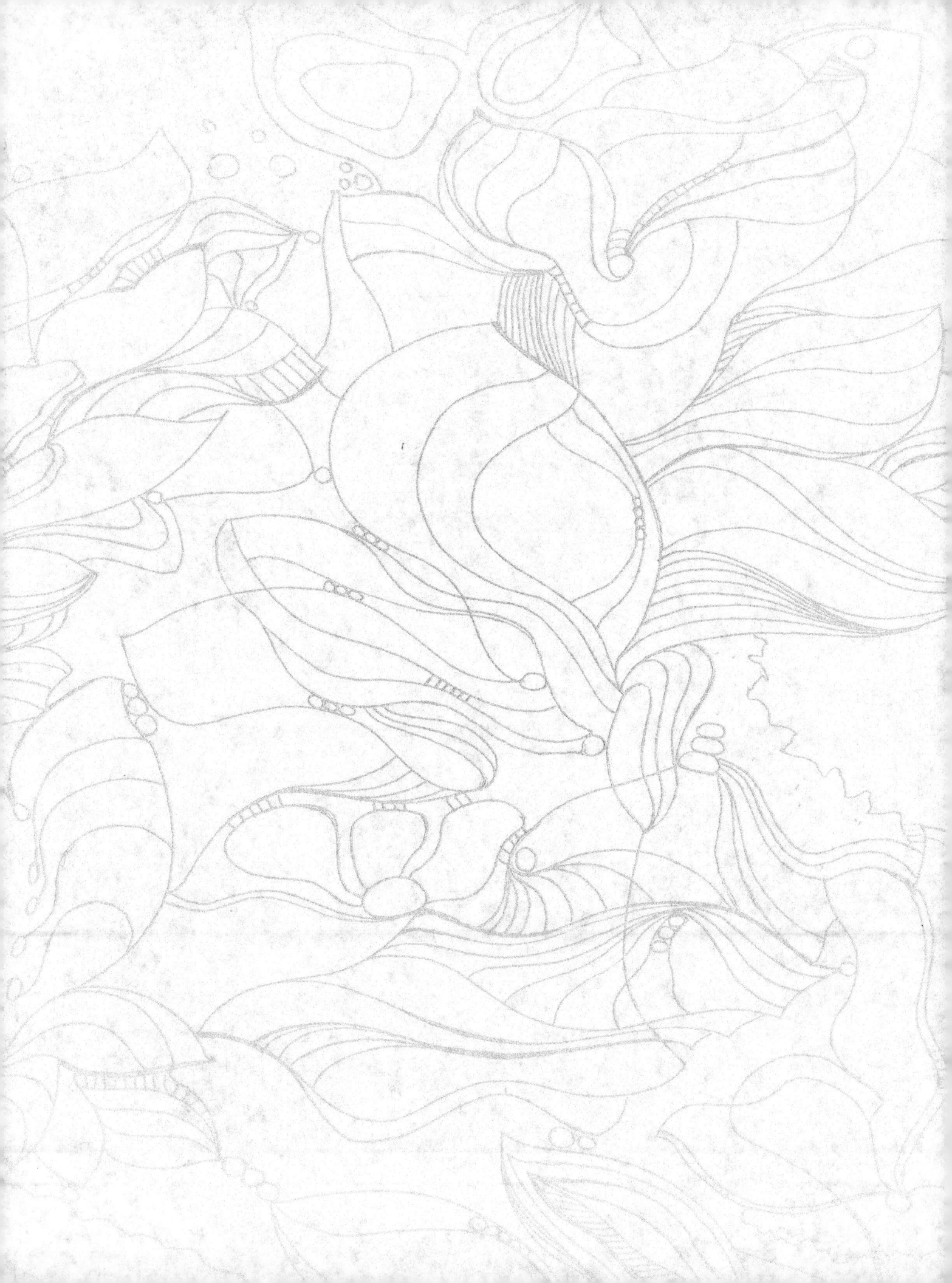

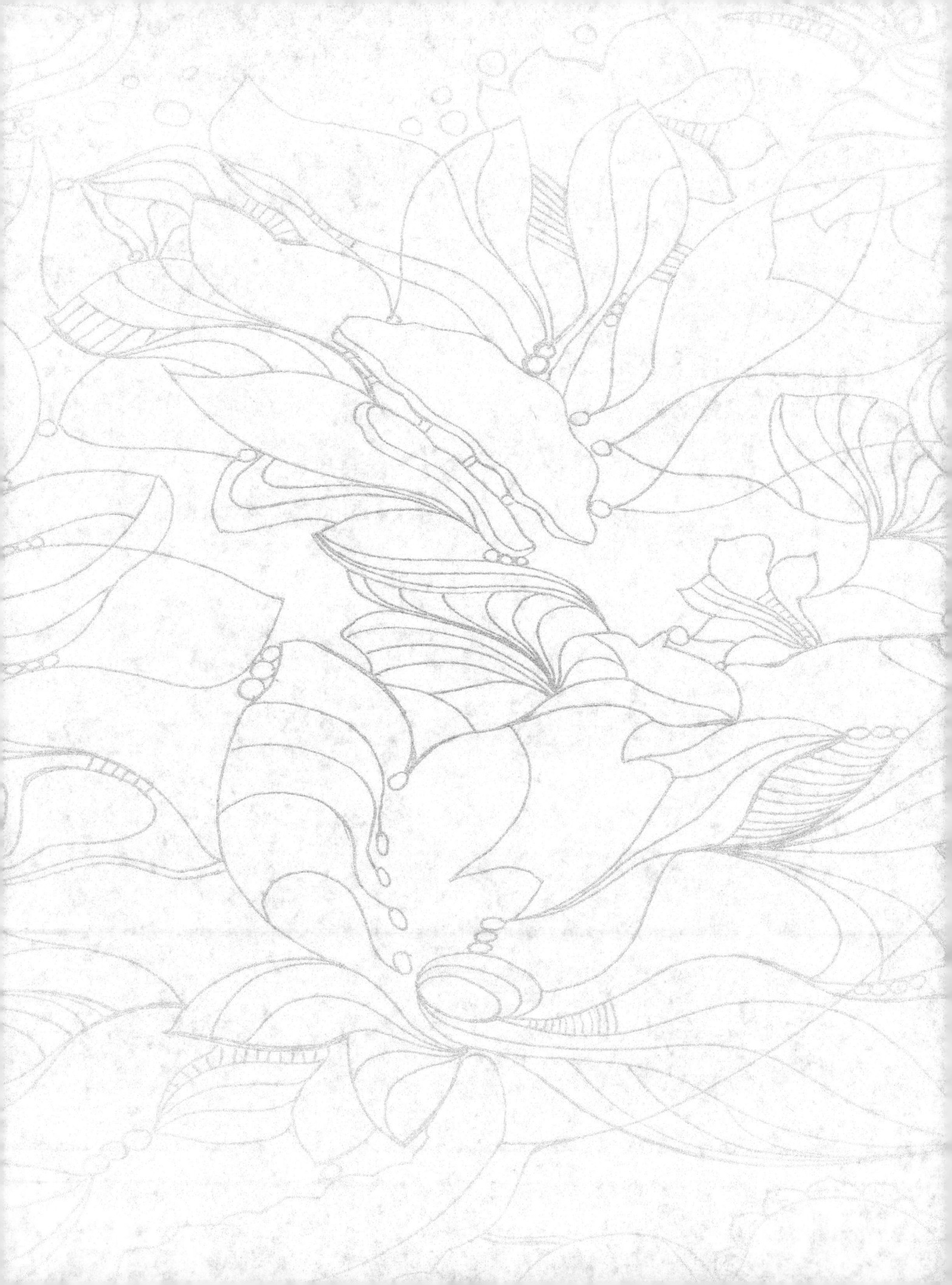

Meine Notizen

Meine Notizen

Meine Notizen

Impressum:
(c) Diana Lüchem
Cover und Inhalt: Diana Lüchem
www.lineart-coloring.eu
www.diana-luechem.de

www.ingramcontent.com/pod-product-compliance
Lightning Source LLC
Chambersburg PA
CBHW080619220526
45466CB00010B/3394